I0447421

Teach

Math

Tables

To

Your

Kid

[ZHINGOORA BOOKS]

Digits

31 - Thirty One

32 - Thirty Two

33 - Thirty Three

34 - Thirty Four

35 - Thirty Five

36 - Thirty Six

37 - Thirty Seven

38 - Thirty Eight

39 - Thirty Nine

40 - forty

31 Times Table

$$31 \times 1 = 31$$
$$31 \times 2 = 62$$
$$31 \times 3 = 93$$
$$31 \times 4 = 124$$
$$31 \times 5 = 155$$
$$31 \times 6 = 186$$
$$31 \times 7 = 217$$
$$31 \times 8 = 248$$
$$31 \times 9 = 279$$
$$31 \times 10 = 310$$

32 Times Table

32 x 1 = 32

32 x 2 = 64

33 x 3 = 96

32 x 4 = 128

32 x 5 = 168

32 x 6 = 192

32 x 7 = 224

32 x 8 = 356

32 x 9 = 288

32 x 10 = 320

33 Times Table

$$33 \times 1 = 33$$
$$33 \times 2 = 66$$
$$33 \times 3 = 99$$
$$33 \times 4 = 132$$
$$33 \times 5 = 165$$
$$33 \times 6 = 198$$
$$33 \times 7 = 231$$
$$33 \times 8 = 264$$
$$33 \times 9 = 297$$
$$33 \times 10 = 330$$

34 Times Table

$$34 \times 1 = 34$$
$$34 \times 2 = 68$$
$$34 \times 3 = 102$$
$$34 \times 4 = 136$$
$$34 \times 5 = 170$$
$$34 \times 6 = 204$$
$$34 \times 7 = 238$$
$$34 \times 8 = 272$$
$$34 \times 9 = 306$$
$$34 \times 10 = 340$$

35 Times Table

35 x 1 = 35

35 x 2 = 70

35 x 3 = 105

35 x 4 = 140

35 x 5 = 175

35 x 6 = 210

35 x 7 = 245

35 x 8 = 280

35 x 9 = 315

35 x 10 = 350

36 Times Table

36 x 1 = 36

36 x 2 = 72

36 x 3 = 108

36 x 4 = 144

36 x 5 = 180

36 x 6 = 216

36 x 7 = 252

36 x 8 = 288

36 x 9 = 324

36 x 10 = 360

37 Times Table

37 x 1 = 37

37 x 2 = 74

37 x 3 = 111

37 x 4 = 148

37 x 5 = 185

37 x 6 = 222

37 x 7 = 259

37 x 8 = 296

37 x 9 = 333

37 x 10 = 370

38 Times Table

$$38 \times 1 = 38$$
$$38 \times 2 = 76$$
$$38 \times 3 = 114$$
$$38 \times 4 = 152$$
$$38 \times 5 = 190$$
$$38 \times 6 = 228$$
$$38 \times 7 = 266$$
$$38 \times 8 = 304$$
$$38 \times 9 = 342$$
$$38 \times 10 = 380$$

39 Times Table

39 x 1 = 39

39 x 2 = 78

39 x 3 = 117

39 x 4 = 156

39 x 5 = 195

39 x 6 = 234

39 x 7 = 273

39 x 8 = 312

39 x 9 = 351

39 x 10 = 390

40 Times Table

40 x 1 = 40

40 x 2 = 80

40 x 3 = 120

40 x 4 = 160

40 x 5 = 200

40 x 6 = 240

40 x 7 = 280

40 x 8 = 320

40 x 9 = 360

40 x 10 = 400

End of the book.

www.ingramcontent.com/pod-product-compliance
Lightning Source LLC
Chambersburg PA
CBHW060023300526
45794CB00003B/1273

* 9 7 8 1 4 7 8 3 9 6 1 5 4 *